LTC 초급과정

LEADERSHIP TRAINING CLASS

차 례

예수 그리스도는 누구신가?

예수 그리스도는 누구신가?

1. 인류 역사에 가장 큰 영향을 끼친 사람은 누구입니까 ?

역사를 아는 사람이라면 누구나 전 세계와 모든 종교를 통틀어서 예수 그리스도가 가장 위대한 분이라는 말에 동의할 것입니다. 왜냐하면 그는 인류 역사를 BC(Before Christ)와 AD(Anno Domini)로 구분하게 하신 분이시기 때문입니다. 예수 그리스도의 복음이 전해진 곳은 어디에서나 결혼의 신성함, 남녀 평등, 선거권, 노동법, 아동 복리법, 노예 해방 등이 이루어졌으며 자유와 사랑과 평화의 운동이 일어났고 개인의 생애와 국가에 커다란 변화가 일어났습니다.

2. 예수 그리스도의 신성(神性)에 대하여 의문을 품었던 이들 중에 많은 사람들이 그리스도의 충성스런 제자가 되었습니다

런던대학 철학과 주임 교수였던 시릴 죠우드 박사(Dr. Cyril Joad)는 예수는 단순한 인간이며 하나님은 우주의 일부분에 불과하다고 주장했었습니다. 그는 인간에게 시간이 충분히 주어진다면 지상에 낙원을 건설할 수 있다고 믿었습니다. 그는 오랫동안 기독교에서 말하는 죄에 대하여 부인하였으나 두 차례의 세계대전과 그 외의 많은 전쟁들을 보면서 인간의 죄성을 인정하게 되었습니다.

그는 인간의 죄가 성경에 명백히 기록되어 있는 것을 발견했습니다(롬 3:23).
마침내 그는 오직 예수님의 십자가의 구속으로만 죄가 해결될 수 있다는 것을 믿고 예수 그리스도의 충성스러운 제자가 되었습니다.

미 남북 전쟁 당시의 장군이요, 문인(文人)이었던 류 웰리스(Lew Wallace)는 기독교의 신화(神話)를 영원히 없애버릴 책을 써서 그리스도에게 매어있는 인류를 해방시켜 주자고 다짐하였습니다.

그는 미국과 유럽의 도서관에서 2년 간 많은 자료를 수집하고 깊이 연구하였습니다. 예수님에 대한 이야기가 허위라는 것을 주장하기 위해 책의 제1장을 쓰고 제2장의 첫 페이지를 쓰다가 도저히 예수님을 부인할 수 없다는 사실 앞에서 무릎을 꿇고 엎드려 "당신은 나의 주, 나의 하나님"이라고 고백했습니다.
그 사건이 있은 후 그는 『벤 허(Ben Hur)』라는 유명한 책을 썼습니다.

3. 예수 그리스도가 보통 사람들과 다른 점

(1) 구약 성경은 그가 오실 것을 450회 이상 예언하였습니다(미 5:2; 마 2:1; 사 7:14; 마 1:23).

(2) 예수님은 자기가 하나님의 아들이라고 친히 주장하셨습니다(마 26:63~64; 요 8:42 하; 요 16:28).

(3) 그는 죄가 하나도 없고 죄를 알지도 못했습니다(요 8:46; 벧전 2:22; 요일 3:5; 히 4:15; 고후 5:21). 그는 한번도 미안하다거나 잘못했다는 고백을 한 일이 없습니다. 그를 배반한 가룟 유다도, 그를 십자가에 못박은 빌라도도 그의 무죄를 선언했습니다(마 27:4; 눅 23:13~16; 요 19:6).

(4) 그는 모든 사람들을 위하여 죽으셨습니다(사 53:4~6; 벧전 2:24~25).

(5) 그는 죽음에서 부활하셨습니다(고전 15:3~4).

1) 기독교는 그리스도가 부활하셨다는 역사적 사실 위에 서 있습니다(행 4:33; 벧전 1:3).
2) 예수 그리스도는 자기가 부활하실 것을 친히 예언하셨습니다(눅 18:31~33).
3) 예수 그리스도의 무덤이 비어 있다는 것은 그가 살아나셨다는 사실을 증명해 주고 있습니다(막 16:6; 마 28:6).
4) 죽어서 무덤에 묻히셨던 예수님께서 그의 제자들에게 나타나셨다는 사실은 그가 확실히 부활했음을 말해 주고 있습니다(고전 15:4~8).
5) 교회가 설립되어 오늘에 이르고 있다는 사실은 예수 그리스도의 부활에 대한 역사

적 증거입니다(행 2:29~32, 37~38, 41~42). 부활이 없었다면 교회는 설립될 수가 없었기 때문입니다.

6) 예수님이 체포될 때 달아났던 모든 제자들(베드로, 도마 그 외의 다른 제자들)이 나중에 목숨을 건 복음의 증인들로 변화되었다는 사실은 예수님의 부활에 대한 실제적인 증거입니다.

7) 초대 교회의 핍박자였던 사도 바울이 기독교 최대의 선교사, 복음 증거자로 변화되었다는 사실 역시 예수 그리스도의 부활로 밖에는 설명할 길이 없습니다(행 9:1~15; 22장; 26장).

(6) 예수님은 그리스도인 안에 살아 계십니다(갈 2:20).

1) 그는 우리의 중심에 오셔서 우리를 통하여 그 자신의 삶을 살기를 원하십니다(계 3:20).

2) 그는 우리를 변화시켜 새로운 피조물로 만들고 삶의 새로운 목표와 자세를 가르쳐 주십니다(고후 5:17).

(7) 예수 그리스도는 교회의 머리이시며 교회는 그의 몸입니다. 우리는 그의 몸의 지체입니다(엡 1:22, 23; 고전 12:27).

(8) 예수님은 승천하실 때의 그 모습 그대로 다시 오시겠다고 말씀하셨습니다(계 22:12, 20; 마 24:44).

1) 그리스도의 재림은 그리스도인의 가장 큰 소망입니다(계 22:20하).

2) 예수님은 모든 사람이 눈으로 볼 수 있도록 부활하신 몸으로 다시 오십니다(히 9:28하; 행 1:11; 계 1:7; 마 24:39).

3) 사망을 멸하시고 믿는 자의 구속을 완성시키기 위하여 예수님은 반드시 다시 오십니다(고전 15:24~26; 벧후 3:10).

4. 예수 그리스도만이 인간에게 줄 수 있는 4가지 놀라운 선물(4P)

(1) 오직 예수님만이 사람의 죄를 용서해 주실 수 있습니다. *(Pardon)*

1) 성경은 모든 사람이 죄를 지었다고 말합니다(롬 3:23).

2) 사람은 스스로 자기의 길을 택한 결과로 하나님에게서 분리되어 죽게 되었습니다(롬 3:23; 6:23).

3) 사랑이신 하나님께서는 죄로 인해 하나님을 떠나있는 우리를 대신하여 그리스도를 죽게 하심으로 그 끊어진 관계를 회복시키셨습니다(롬 5:8).

4) 예수님의 십자가의 보혈 외에는 인간의 죄를 씻을 수 없습니다(히 9:22).

5) 인간이 죄를 용서받는 유일한 방법은 오직 예수 그리스도를 영접하는 것입니다(골 1:14).

(2) 예수님만이 참 평안을 주실 수 있습니다. *(Peace)*

1) 예수님은 평화의 왕(사 9:6하)으로서 어떤 상황이나 환경을 초월해 평안을 주십니다(요 14:27; 빌 4:7).

2) 인생의 무거운 짐을 진 채 지쳐있는 사람들에게 평안을 주십니다(마 11:28).

3) 인간의 마음속에 있는 죄 문제를 해결할 때 진정한 평안이 찾아옵니다(막 5:34).

4) 주님은 아무리 큰 죄를 지은 사람도 다 주님께 나오라고 부르시며 나오는 사람은 누구든지 그 죄를 용서해 주시겠다고 약속하셨습니다(사 1:18).

(3) 예수님만이 삶의 목적을 주실 수 있습니다. *(Purpose)*

1) 하나님은 우리를 창조하신 분이십니다.

2) 인간은 하나님의 피조물 가운데 가장 위대한 걸작품입니다(창 1:27; 2:7).

3) 하나님의 아들이신 예수 그리스도를 인격적으로 만나면 하나님께서 우리를 창조하신 선한 목적을 알게됩니다.

4) 예수님이 가르쳐주신 진정한 삶의 목적은 하나님을 영화롭게 하며 그를 영원토록 기뻐하는 것입니다(고전 10:31; 빌 1:20; 롬 14:8).

5) 하나님은 자신을 사랑하는 자들에게 인생의 모든 상황 속에서 선한 결과들을 얻게 해 주실 것을 약속하셨습니다(롬 8:28).

(4) 예수님만이 승리의 삶을 살 수 있는 힘을 주십니다. *(Power)*

1) 그리스도인의 삶은 초자연적이기 때문에 오직 예수 그리스도만이 그의 삶을 사실 수 있습니다.

2) 그러므로 승리하는 그리스도인의 삶의 비결은 예수 그리스도께서 우리를 통해

그분의 삶을 사시도록 해드리는 것입니다(빌 2:13).

3) 그분은 우리 안에서 우리를 통하여 그분의 능력을 나타내십니다(골 2:9~10).

4) 그분은 우리가 어떤 환경 가운데서도 사랑과 기쁨과 평강이 넘쳐나는 삶을 살게 해 주십니다(갈 5:22~23).

그러나 이 4가지 선물은 예수 그리스도를 영접하는 사람에게 주어집니다.

5. 당신은 바로 지금 이 자리에서 그리스도를 영접할 수 있습니다. 그리스도를 영접하는 것은 기도를 통해 예수 그리스도를 당신의 삶에 초청하는 것입니다.

우리는 믿음으로 그리스도를 영접합니다. 믿음은 기도로 표현할 수 있습니다. 기도는 하나님과 이야기하는 것입니다. 그리스도께서 당신 마음의 중심에 들어오시도록 진실하고 정직한 마음으로 다음과 같이 기도해 보십시오.

"주 예수님, 나는 주님을 믿고 싶습니다. 십자가에서 죽으심으로 내 죄 값을 담당하시니 감사합니다. 지금 나는 내 마음의 문을 열고 예수님을 나의 구주, 나의 하나님으로 영접합니다. 나의 죄를 용서하시고 영생을 주심을 감사합니다. 나를 다스려 주시고, 나를 주님이 원하시는 사람으로 만들어 주옵소서. 예수님의 이름으로 기도합니다. 아멘."

이 기도가 마음에 드십니까? 그렇다면 바로 지금 이 자리에서 기도를 드리십시오.
그러면 예수 그리스도는 약속하신 대로 당신 안에 들어오셔서 영원히 함께 하실 것이며 약속하신 4가지 선물을 주실 것입니다(계 3:20; 히 13:5).

6. 구원의 확신

구원은 죄로 인해 죽을 수 밖에 없는 우리가 예수 그리스도를 믿음으로 죄를 용서받고 하나님의 자녀가 되어 영생을 누리는 것을 말합니다(행 16:31).
구원은 마음으로 믿고 입술로 고백할 때 확신할 수 있습니다(롬 10:9).

(1) 예수 그리스도를 영접하는 기도를 하셨습니까?
그렇다면 당신은 예수 그리스도를 마음으로 믿고 입으로 시인하셨으니 구원을 받은 것입니다(롬 10:10).

(2) 당신이 구원받은 사실을 확신할 수 없다는 생각이 들 수도 있습니다. 사실 예수님을 잘 믿는다고 하는 사람들 중에도 구원을 확신하지 못하고 "저는 구원을 받았는지 안 받았는지 잘 모르겠어요?" 라고 말하는 사람들이 있습니다.

그러나 구원은 하나님이 주신 선물이기 때문에 절대로 변하거나 취소될 수 없습니다. 구원은 하루에도 수없이 변하는 사람의 느낌이나 감정에 따라 흔들리는 것이 아닙니다. 진심으로 영접 기도를 드렸다면 당신은 성경의 약속대로 확실히 구원받은 것입니다. 확신을 가지십시오.

(3) 구원을 받은 이후 죄를 지으면 어떻게 될까요?
구원 받았다는 것은 당신이 하나님의 자녀가 되었으며 하나님이 당신의 아버지가 되셨다는 뜻입니다. 그러므로 죄를 짓는다고 해서 부자 관계가 취소되는 것은 아닙니다. 자녀가 잘못을 해도 그는 여전히 그 아버지의 자녀인 것과 마찬가지입니다.

그러나 자녀가 죄를 짓게 되면 그 부모는 마음이괴롭고 슬픈 것처럼, 당신이 죄를 짓게 되면 하나님도 마음 아파하시며 슬퍼하십니다. 그리고 당신도 구원의 기쁨과 감격을 잃게되며 낙심하고 좌절하게 됩니다. 당신이 죄를 짓게 되면 하나님과의 관계(Relationship)는 변하지 않지만 교제(Fellowship)는 깨어지게 됩니다.

그러므로 죄를 깨닫는 즉시 죄를 고백하십시오. 하나님은 우리가 죄를 고백하면 용서해 주시겠다고 약속하셨습니다(요일 1:9). 죄 고백을 통해 우리는 다시 하나님과의 교제를 회복할 수 있으며 하나님과 동행하며 승리하는 삶을 살 수 있습니다.

강의

강의 1

하나님의 사랑과 용서를 체험하기

개관 목적

매일의 삶에서 하나님의 사랑과 용서를 체험할 수 있도록
'영혼의 호흡' 중 죄를 고백하는 법을 배워 실천한다.

학습 목표

1. 예수님은 누구시며 왜 오셨는지를 이해한다.
2. 고린도전서 2:14~3:3의 '세 종류의 사람'을 이해하고 그림으로 표현할 수 있다.
3. '영혼의 호흡' 중 '내쉼'의 개념을 이해하고 실천한다.

서론 : 예수 그리스도를 인격적으로 만나는 것은 인생에서 할 수 있는 가장 위대한 경험이다.

1. 예수 그리스도는 누구신가?

1 예수님은 자신이 하나님이라고 주장하셨다(요 10:30~33).

2 예수님의 삶은 구약성경에 나오는 예언의 성취였다(사 53:1~12).

3 예수님은 죄인인 우리를 대신하여 죽으셨다(롬 5:8; 벧전 2:24~25).

4 예수님은 죽음에서 살아나셨다(눅 24장; 마 28:1~10).

2. 예수 그리스도는 왜 이 세상에 오셨는가?

1 예수님은 우리에게 영원한 생명을 주시기 위해 오셨다(요 3:16).

2 예수님은 우리가 풍성한 삶을 살게 하기 위해 오셨다(요 10:10).

3. 오늘날 많은 그리스도인들이 풍성한 삶을 살지 못하고 있다.

1 초대교회 그리스도인들의 삶과 오늘날의 그리스도인들의 삶에는 큰 차이가 있다. 오늘날 그리스도인들은 성경에서 가르치고 있는 능력있고 열매 맺는 승리의 삶을 살지 못하고 있다.

2 초대교회 그리스도인들은 살아계신 하나님을 증거하며 세상에 큰 영향을 끼쳤다.

(1) 그들은 실제로 성령 충만이 무엇인지 알고 있었다.

(2) 그들은 죄를 깨끗하게 하시는 하나님의 사랑과 용서를 체험하고 이를 널리 전했다(행 26:15~18).

3 우리는 인류 역사상 가장 절망적이고 그 어느 때보다도 절실하게 복음을 필요로 하는 시대에 살고 있다.

(1) 전 세계는 공포와 근심과 좌절로 가득 차 있다.

(2) 지금은 복음을 전하기에 가장 좋은 때이다. 사람들이 세계적인 위기와 갈등으로 인해 하나님을 찾고 있다.

4 이런 때에 사람들이 그리스도를 믿고 싶어 할 만큼 그리스도인들이 영향력 있는 삶을 살지 못하고 있다.

(1) 그리스도인들이 하나님의 능력과 자원을 활용하는 법을 알지 못한다.

(2) 세상의 빛과 소금의 역할을 감당하지 못하고 있을 뿐 아니라 그리스도를 효과적으로 전하는 방법을 모른다.

4. 세 종류의 사람

성경은 세 종류의 사람에 대해 말하고 있다. 이를 통해 우리는 왜 많은 그리스도인들이 영향력 있는 삶을 살지 못하는지 알 수 있다(고전 2:14~3:3).

1 비그리스도인(육에 속한 사람)
- 예수 그리스도를 영접하지 않은 사람(고전 2:14)

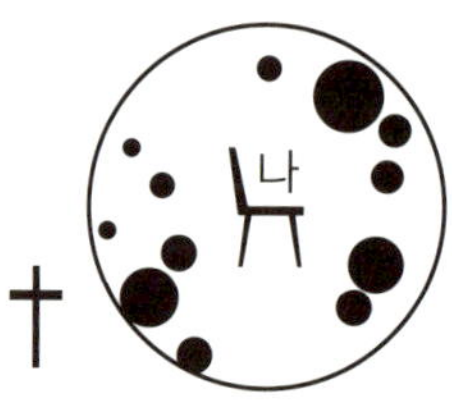

(1) 모든 일을 자신의 힘과 노력에만 의존한다.

(2) 죄 때문에 하나님과 영적으로 분리되어 있다(영적 죽음).

2 성령 충만한 그리스도인(신령한 사람)
- 성령의 능력과 인도를 받는 사람(고전 2:15~16)

(1) 하나님과의 생생한 교제 가운데 살아가며, 하나님의

무한하신 사랑과 능력을 계속 공급받는다.

(2) 예수 그리스도께서 그의 안에서, 그를 통해 사시기 때문에 그는 성령의 열매를 맺으며(갈 5:22~23), 예수 그리스도를 다른 사람에게 전함으로 하나님을 영화롭게 한다(요 15:8).

3 세상적인 그리스도인(육신에 속한 그리스도인)
- 자기 힘으로 살아가려는 그리스도인(고전 3:1~3)

(1) 그리스도인이지만 패배하고 좌절하며 열매를 맺지 못한다.

(2) 성령의 인도하심을 받지 않는다.

(3) 죄의 노예가 되어 살고 있다(롬 7:14~20).

(4) 자신이 세상적인 그리스도인이라는 사실조차 깨닫지 못하고 있다(롬 7:20~25).

5. 성령의 사람이 되는 방법

1 세상적인 그리스도인은 성령을 통하여 믿음으로 자아 중심의 삶에서 벗어나 죄를 이기는 능력 있는 삶을 살 수 있다(롬 7:25~8:4).

(1) 하나님의 사랑과 용서를 체험하고 성령의 사람으로 살 수 있는 열쇠는 오직 믿음이다.

(2) 그리스도인의 믿음의 대상은 하나님과 그분의 말씀이다.

(3) 안타깝게도 많은 그리스도인들이 마치 하나님이 존재하시지도 않고 그들을 도와주시지도 않는 것처럼 살아간다.

2 세상적인 그리스도인은 '영혼의 호흡'을 함으로써 성령 충만한 그리스도인이 될 수 있다. 영혼의 호흡이란 숨을 내쉬듯이 죄를 고백하고 숨을 들이마시듯이 성령 충만을 받는 것이다.

(1) **내쉼** - 요한일서 1:9에 있는 하나님의 약속에 따라 우리의 죄를 고백하는 것이다.

"만일 우리가 우리 죄를 자백하면 그는 미쁘시고 의로우사 우리 죄를 사하시며 우리를 모든 불의에서 깨끗하게 하실 것이요"(요일 1:9)

고백에는 다음과 같은 요소들이 포함된다.

① 동의 - 우리의 죄가 잘못된 것이며 하나님을 슬프시게 한다는 사실에 동의한다.

② 감사 - 예수 그리스도께서 십자가에서 죽으심으로 우리의 모든 죄 곧 과거, 현재, 미래의 모든 죄를 용서해 주셨음을 감사한다.

③ 회개 - 성령의 능력을 힘입어 죄에 대한 우리의 태도와 행동을 바꾼다.

(2) **들이쉼** - 믿음으로 성령 충만을 받는 것이다(이것은 다음 강의에서 다룰 것이다).

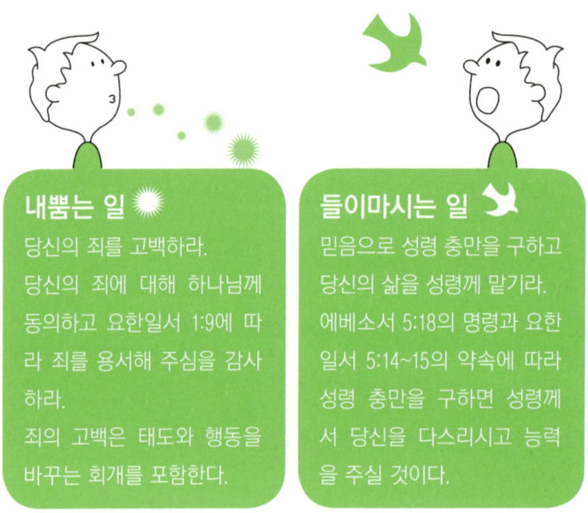

6. 죄를 고백해야 하는 이유

1 우리의 죄를 용서 받을 수 있는 근거는 예수 그리스도께서 우리의 죄를 대신하여 십자가에서 죽으셨다는 사실에 있다(히 10:10, 14).

2 히브리서 10장에 의하면 예수 그리스도께서는 단번에 우리의 모든 죄를 용서해 주셨다.

3 죄 고백은 우리를 향한 하나님의 사랑에 응답하는 것이며 믿음의 표현이고 순종의 행위이다. 죄 고백은 하나님께서 예수 그리스도의 죽음을 통해 이미 우리의 모든 죄를 용서해 주신 것을 실제로 체험하게 해준다.

4 죄를 고백함으로 우리는 계속 하나님과 교제할 수 있다. 만일 죄를 고백하기를 거절하면 우리는 육신에 속하게 되고 하나님의 빛 가운데서 살아가는 대신 어둠 속에서 헤매게 될 것이다(요일 1:7).

7. 적용

1 성령께 당신의 죄를 깨닫게 해 달라고 간절히 기도하라.

2 성령께서 깨닫게 해 주시는 죄들을 종이에 적고 하나님께 고백하라.

3 죄를 다 고백한 후에 요한일서 1:9을 죄 목록 위에 대각선으로 적으라.

4 죄 목록을 찢어 버리고 당신의 모든 죄를 용서해 주신 하나님께 감사하라.

5 혹시 금전적으로나 물리적인 배상을 해야 한다면 배상하라.

6 하나님께서는 당신이 고백한 죄를 완전히 용서하셨다는 사실을 명심하라. 성령께서 깨닫게 해 주신 죄를 고백했는데도 죄의식이 남아 있다면 그것은 하나님이 주신 것이 아니라 사탄이 준 것이다(시 103:12).

강의 2

성령 충만 체험하기

개관 목적

믿음으로 성령 충만을 받는 방법을 배우고 실천한다.

학습 목표

1. 성령이 누구시며 왜 오셨는지를 이해한다.
2. '성령 충만' 의 개념을 이해한다.
3. "영혼의 호흡" 중 '들이쉼' (믿음으로 성령 충만 받는 법)을 이해하고 생활에서 실천한다.

서론 : 그리스도인의 삶에서 가장 중요한 것은 성령 충만을 받는 것이다.

1. 그리스도인의 삶은 자신의 힘으로 살 수 없다.

2. 예수님의 제자들은 3년간 예수님과 함께하며 가르침과 훈련을 받았다. 그렇지만 예수님께서는 그들이 지상 명령을 성취하기 위해서는 성령으로 충만해야 한다고 말씀하셨다(행 1:8).

3. 주님은 자신이 하신 일보다 더 큰 일을 우리가 할 수 있다고 말씀하셨다(요 14:12~14).

4. 유감스럽게도 많은 그리스도인들이 성령 충만 받는 방법을 모르고 있다.

1. 성령은 누구신가?

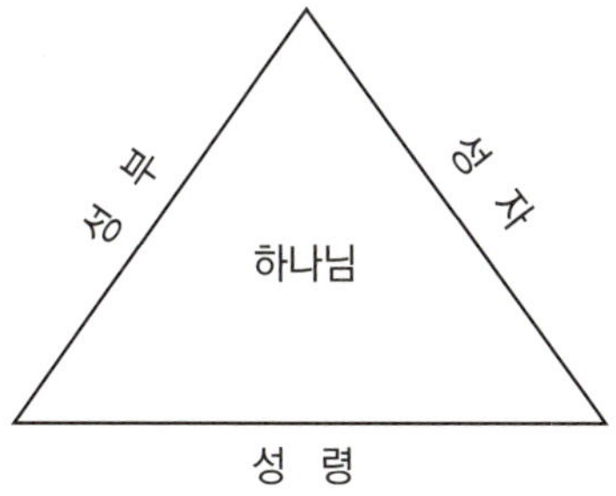

1. 성령은 하나님이시다(행 5:3~4).

2. 성령은 지성과 감정과 의지를 가지신 인격이시다(고전 2:11; 엡 4:30; 고전 12:11).

3. 성령은 성부, 성자와 동등한 삼위일체의 제3위이시며 하나님의 모든 속성을 지닌 하나님이시다(마 28:19; 고후 13:13).

2. 성령은 왜 오셨는가?

1. 그리스도를 영화롭게 하고 우리를 모든 진리 가운데로 인도하기 위해서 오셨다(요 16:13~14).

2. 우리가 기도할 수 있도록 도와주시기 위해 오셨다(롬 8:26).

3. 우리가 그리스도를 알고 그분을 위해 살게 하려고 오셨다(고전 12:3).

4. 우리에게 예수 그리스도를 증거 할 수 있는 능력을 주시기 위해 오셨다(행 1:8).

3. 성령 충만을 받는다는 것은 무슨 뜻인가?

1 성령 충만을 받는 것은 그리스도로 충만함을 받는 것이다. '충만' 이라는 말은 지배를 받는다는 뜻으로, 성령 충만은 그리스도의 지배를 받는 것이고 그리스도 안에 거하는 것이다.

2 우리가 성령 충만할 때(성령의 지배를 받을 때) 예수님이 부활의 능력으로 우리 안에서 하나님을 기쁘시게 하는 삶을 살아가신다.

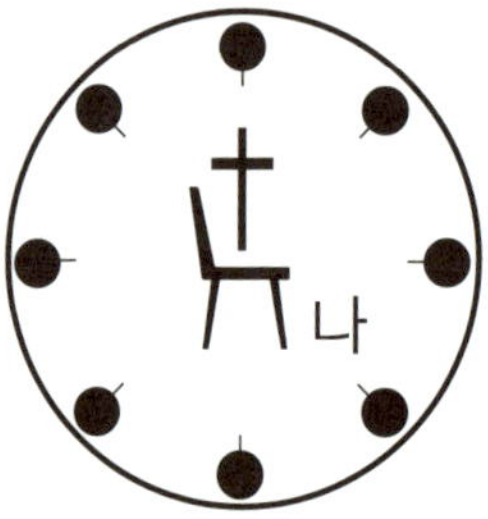

3 성령 충만한 그리스도인은 하나님이 예비하신 풍성한 삶을 살 수 있다.

(1) 거룩한 삶을 살 수 있다(벧전 1:14~16).

(2) 성령의 열매를 맺을 수 있다(갈 5:22~23; 마4:19).

(3) 하나님의 말씀을 이해하고 그 말씀대로 살 수 있다(요 16:13).

(4) 어려움을 믿음으로 극복하고 승리하는 삶을 살 수 있다(빌 4:13).

4. 왜 성령 충만을 받지 못하는가?

1 성령 충만에 대해 잘 모르기 때문이다(지식의 결핍).

2 하나님을 신뢰하지 못하기 때문이다(불신앙).

5. 어떻게 성령 충만을 받을 수 있는가?

1 믿음으로 성령 충만을 받는다.

"또 우리로 하여금 믿음으로 말미암아 성령의 약속을 받게 하려 함이라" (갈 3:14하)

2 믿음으로 성령 충만을 받기 위해 몇 가지 필요한 것이 있다.

(1) 하나님이 기뻐하시는 삶을 살려는 열망이 있어야 한다(마 5:6).

(2) 성령께서 기억나게 하시는 죄를 고백하고 그분의 용서를 체험해야 한다(요일 1:9).

(3) 하나님이 명령하신 대로 당신의 삶을 예수 그리스도께 드려야 한다.

"그러므로 형제들아 내가 하나님의 모든 자비하심으로 너희를 권하노니 너희 몸을 하나님이 기뻐하시는 거룩한 산 제물로 드리라 이는 너희가 드릴 영적 예배니라 너희는 이 세대를 본받지 말고 오직 마음을 새롭게 함으로 변화를 받아 하나님의 선하시고 기뻐하시고 온전하신 뜻이 무엇인지 분별하도록 하라" (롬 12:1~2)

3 매일의 삶 속에서 '영혼의 호흡' 을 통하여 성령 충만한 삶을 지속할 수 있다.

6. 성령 충만 받은 것을 확신할 수 있는 근거는 무엇인가?

1 하나님은 우리에게 성령 충만 받으라고 명령하셨다(엡 5:18).

2 하나님은 우리가 하나님의 뜻대로 기도하면 응답하신다고 약속하셨다(요일 5:14~15).

7. 꼭 기억해야 할 사실

1 당신이 그리스도인이라면 성령께서 이미 당신 안에 거하신다(롬 8:9).

2 성령 충만은 한 번만 받는 것이 아니라 순간순간 계속 받아야 한다.

3 우리는 믿음으로 성령 충만을 받는다.

4 순간순간 성령 충만을 받고 지속적으로 성령 안에서 살아가게 되면 우리는 자아에 대하여는 죽고 하나님에 대하여 살게 된다(롬 6:10~11).

5 우리는 성령 충만을 받은 후에 감정에 의존해서는 안 된다.

8. 적용

1 만일 고백하지 않은 죄가 있다면 성령께 생각나게 해 달라고 기도하라(요일 1:9).

2 하나님의 명령과 약속에 근거하여 믿음으로 성령 충만을 구하라(엡 5:18; 요일 5:14~15). 우리는 오직 믿음으로만 성령 충만을 받을 수 있다. 그리고 진실한 기도는 당신의 믿음을 표현하는 한 가지 방법이다. 다음의 기도를 드리라.

"사랑하는 하나님 아버지, 저는 주님이 필요합니다. 제가 저의 삶을 다스려 왔고 그 결과로 죄를 지었음을 고백합니다. 예수 그리스도께서 십자가에 죽으심으로 저의 모든 죄를 용서해 주심을 감사합니다. 주님께서 성령 충만 받으라고 명령하시고, 믿음으로 구하면 주시겠다고 약속하신 말씀대로 저를 성령으로 충만하게 하옵소서. 주님께서 제 삶의 중심을 취하여 주시고 저를 다스리심을 감사 드리며 예수님의 이름으로 기도합니다. 아멘"

성령 충만 받기를 원한다면, 바로 지금 하나님께서 당신을 성령으로 충만케 해 주실 것을 믿고 기도를 드리라.

강의 3

성령 안에서 승리하며 살아가기

개관 목적

성령 충만한 삶을 지속적으로 살아가는 방법을 배우고 적용한다.

학습 목표

1. 성령 충만을 확신할 수 있게 된다.
2. 영적 싸움에 대비하는 방법을 알게 된다.
3. 하나님의 자녀로서의 권리와 자원을 사용하게 된다.
4. 믿음으로 살아가게 된다.

서론 : 예수님은 우리에게 성령의 능력 안에서 풍성하고 열매 맺는 삶을 살 수 있다고 약속하셨다.

1 모든 그리스도인은 풍성하고 의미 있는 삶을 살아갈 수 있다(요 10:10; 14:12~14).

2 그리스도인이 풍성한 삶을 사는 비결은 성령 안에서 살아가는 것이다. 그것은 예수님께서 부활의 능력으로 우리를 통해 사시는 것을 뜻한다(행 4:13).

3 우리는 매순간 영혼의 호흡을 통하여 성령 안에서 살아갈 수 있다.

4 영혼의 호흡을 통하여 성령 안에서 살아가는 것은 단순하지만, 성령 안에서 승리하는 삶을 살기 위해 4가지 사실을 알아야 한다.

1. 성령 충만을 확신하라.

1 예수님을 영접할 때 성령이 우리 안에 들어오심으로 하나님의 자녀가 된다. 당신이 그리스도인이라면 성령께서는 이미 당신 안에 거하신다(고전 3:16).

2 성령 충만이란 성령의 지배를 받으며 그분의 능력을 힘입는 것이다(엡 5:18).

3 많은 그리스도인들은 성령이 그들 마음속에 계시지만 예수 그리스도께서 약속해 주신 풍성한 자원을 활용하지 못하기 때문에 기복이 심한 신앙생활을 하고 있다.

4 기복이 심한 신앙생활을 하는 그리스도인들은 '영혼의 호흡'을 통해 성령 충만을 받고 예수 그리스도께서 약속하신 풍성한 삶을 살 수 있다(요 10:10).

(1) **내쉼** : 죄를 고백하는 것(요일 1:9)

① 동의 - 우리의 죄가 잘못된 것이며 하나님을 슬프시게 한다는 사실에 동의하는 것이다.

② 감사 - 우리의 죄를 위하여 예수 그리스도가 십자가에서 피 흘려 죽으심으로써 우리의 모든 죄, 곧 과거와 현재와 미래의 모든 죄를 용서해 주셨음을 인정하고 감사한다.

③ 회개 - 죄에 대한 우리의 태도를 바꾸는 것이며 성령의 능력을 힘입어 우리의 행동을 바꾸는 것이다.

(2) 들이쉼 : 믿음으로 성령 충만을 받는 것(엡 5:18; 요일 5:14~15)

① 명령 - 하나님은 우리에게 성령 충만 받으라고 명령하셨다.

"술 취하지 말라 이는 방탕한 것이니 오직 성령으로 충만함을 받으라" (엡 5:18)

② 약속 - 하나님은 우리가 하나님의 뜻대로 기도하면 응답하신다고 약속하셨다.

"그를 향하여 우리가 가진 바 담대함이 이것이니 그의 뜻대로 무엇을 구하면 들으심이라 우리가 무엇이든지 구하는 바를 들으시는 줄을 안즉 우리가 그에게 구한 그것을 얻은 줄을 또한 아느니라" (요일 5:14~15)

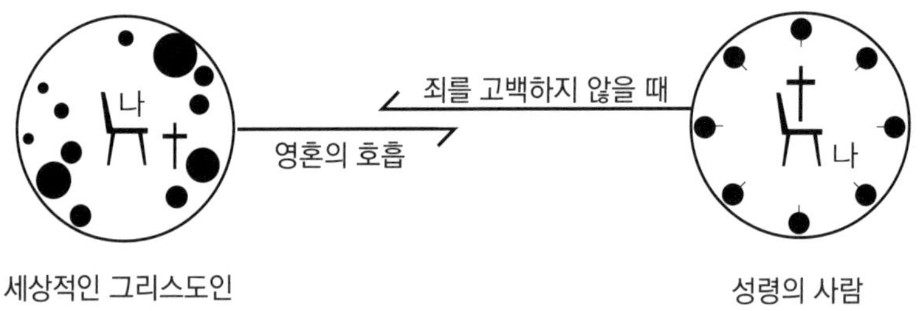

5 영혼의 호흡은 하나님께서 우리에게 주신 풍성한 자원을 순간순간 우리 것으로 활용하는 열쇠이다.

6 성령께서 우리를 충만케 하시고 능력을 주시도록 간구해야 한다.

7 어떤 사람도 두 주인을 섬길 수 없다. 그리스도가 아니면 나 자신이 마음의 왕좌에 앉아 우리를 지배하게 된다. 성령의 사람이 믿음으로 살아가지 않으면 세상적인 그리스도인이 된다(롬 14:23하).

8 우리 생활 속에서 죄를 쌓아두지 말고 깨달은 즉시 고백해야 한다(요일 2:1~2).

9 특별한 감정을 의존하거나 추구하지 말아야 한다.

2. 영적 싸움에 대비하라.

1 모든 그리스도인은 믿음의 여정 가운데 영적 싸움을 하게 된다. 영적 싸움은 내가 싸우는 것이 아니라 하나님께서 싸우신다(대하 20:15하).

"여호와께서 이같이 너희에게 말씀하시기를 너희는 이 큰 무리로 말미암아 두려워하거나 놀라지 말라 이 전쟁은 너희에게 속한 것이 아니요 하나님께 속한 것이니라" (대하 20:15하)

2 그리스도인의 영적 싸움은 세상, 육체, 마귀와의 싸움이다.

(1) 세상 (요일 2:15~17)

① 성경은 이 세상을 사랑하지 말라고 경고하고 있다.

② 세상을 사랑하는 동시에 하나님을 사랑할 수 없다.

③ 예수님은 세상을 이기셨다(요 16:33).

(2) 육체(육신) (갈 5:17)

① 유혹을 받는 것은 죄가 아니다.

② 끊임없이 성령께 우리를 맡길 때 이런 갈등은 해결된다(갈 5:16).

(3) 마귀(벧전 5:8)

① 그리스도인들을 믿음에서 떠나게 하려는 악한 영들이 있다(요일 3:8~9).

참고: 마귀는 사탄이라고도 불리며 악한 영적 세력(귀신)들의 우두머리이다.

② 하나님은 마귀가 우리를 공격할 때에 두려워할 필요가 없다고 말씀하신다.

"너희 안에 계신 이가 세상에 있는 이보다 크심이라" (요일 4:4하)

3. 하나님의 자녀에게 주신 권리와 자원을 사용하라.

1 하나님의 자녀에게 주신 특권과 자원을 알고 사용해야 한다.

2 하나님과 함께 충분한 시간을 보낼 때 우리는 그분이 주시는 풍성한 자원을 알고 사용할 수 있다.

3 우리가 예수 그리스도를 알아가고 그분이 주시는 풍성한 자원을 사용할 때 성령께서는 우리의 삶에 열매를 맺게 하신다(갈 5:22~23).

4 우리는 성령의 능력을 통해서 그리스도인으로서 살아갈 수 있는 힘을 얻게 된다(롬 8:4).

5 주님의 지상명령 성취를 도우려는 모든 그리스도인들은 부활하신 예수 그리스도의 능력을 활용할 수 있다.

6 예수 그리스도 안에 있는 풍성한 자원을 알면 알수록 하나님의 뜻을 따르게 될 것이다.

4. 믿음으로 살라.

1 그리스도인은 감정에 의존하지 않고 믿음으로 산다(갈 3:11).

2 그리스도인은 어려운 상황에도 믿음으로 감사할 수 있다.

3 그리스도인은 믿음으로 모든 염려를 하나님께 맡길 수 있다(벧전 5:7).

5. 요약과 적용

성령의 능력으로 충만함을 받고 항상 인도 받기를 원한다면 다음 사항을 실천하라.

1 성령 충만을 확신하라.

2 영적 싸움에 대비하라.

3 하나님의 자녀에게 주신 권리와 자원을 사용하라.

4 믿음으로 살아가라.

강의 4

성령 안에서 전도하기

개관 목적

성령 안에서 전도하는 방법을 알게 한다.

학습 목표

1. 성령 안에서 전도하는 여덟 가지 과정을 알게 된다.
2. 각 과정을 이해하고 적용할 수 있게 된다.
3. 성공적인 전도가 무엇인지 알게 된다.

서론 : 우리 생애에서 다른 사람에게 그리스도를 전하는 것보다 더 놀라운 영적 체험은 없다.

1 전도는 큰 기쁨과 감격을 경험하게 해주지만 안타깝게도 전도하는 그리스도인들은 매우 적다.

2 그리스도인들이 전도를 하지 못하는 두 가지 이유가 있다.

(1) 무능(Impotence) : 성령의 지배를 받지 않고 풍성하고 승리하는 삶을 살지 못하기 때문이다.

(2) 무지(Ignorance) : 효과적으로 그리스도를 증거하는 방법을 모르기 때문이다.

3 성경의 가르침을 따를 때 가장 효과적으로 전도할 수 있다. 누가복음 5:1~11은 어떻게 성공적으로 전도할 수 있는지를 가르쳐 주고 있다.

1. 그리스도인임을 확신하라.

1 도덕적으로 착하게 살고 교회에 다닌다고 해서 다 그리스도인이 되는 것은 아니다.

2 그리스도인이 되기 위해서 믿음으로 그리스도를 영접해야 한다(엡 2:8~9).

3 예수 그리스도를 영접한다는 것은 지성, 감정, 의지를 포함하는 인격적인 행동이다.

4 예수 그리스도를 한 번도 영접한 적이 없다면 바로 지금 기도로 예수 그리스도를 영접할 수 있다(계 3:20).

5 당신이 예수 그리스도를 영접했다면 그는 당신을 결코 떠나지 않는다고 약속하셨기 때문에 또 다시 영접할 필요가 없다. 예수 그리스도가 당신의 삶 속에 들어와 계신 것을 날마다 감사하라(히 13:5하).

2. 고백하지 않은 죄가 없게 하라.

1 죄를 지으면서도 성령의 열매를 맺고 기쁘게 살아갈 수 있는 그리스도인은 없다. 죄를 인정하지 않는 것은 하나님과 우리의 교제를 가로막는다(시 66:18). 우리는 하나님께 죄를 고백해야 한다.

2 성령께서 깨닫게 해 주신 죄들을 하나님께 고백할 때, 예수 그리스도가 우리를 대신하여 십자가에서 피 흘려 죽으심으로 우리 죄를 용서해 주셨음을 체험하게 된다(요일 1:9).

3. 믿음으로 성령 충만 받은 것을 확인하라.

1 우리는 믿음으로 성령 충만을 받는다. 하나님의 명령과 약속에 근거하여 성령 충만을 요청하라(엡 5:18; 요일 5:14~15).

2 주님의 명령과 약속에 따라 성령 충만을 구했으면 받은 것으로 믿으라(갈 3:11; 롬 1:17). 믿음으로 하지 않는 것이 죄이다(롬 14:23). 특별한 느낌이 있을 수도 있지만 없을 수도 있다.

3 성령 충만하여 성령의 지배를 받는 것이야말로 능력 있는 전도의 가장 중요한 요소이다(행 1:8).

4 오직 성령의 능력으로 그리스도를 증거하는 것만이 하나님을 기쁘시게 한다(고전 2:4~5).

4. 예수 그리스도를 전하기 위해 준비하라(벧전 3:15~16).

1 그리스도 안에서 어떻게 풍성한 생활을 하고 또 그것을 어떻게 전할 수 있는가를 배워야 한다.

2 무슨 일이든지 잘하려면 훈련이 필요하듯이 효과적으로 전도하기 위해서는 훈련이 필요하다.

5. 기도하라.

1 어느 누구라도 멸망하는 것은 하나님의 뜻이 아니다.

2 무엇이든지 하나님의 뜻대로 구하면 그분은 기도를 들어주시며 응답해 주신다(요일 5:14~15).

3 하나님께서 당신의 마음속에 일깨워주시는 사람들의 기도 명단을 만들라.

4 성령께 이들에게 전도할 기회를 주시도록 기도하라.

6. 가서 전하라.

1 사람들이 당신에게 올 때까지 기다리지 말라(마 4:19).

2 예수님은 가서 모든 사람에게 복음을 전하라고 우리에게 명령하셨다(마 28:18~20).

3 늘 누군가에게 예수 그리스도를 전할 수 있도록 해야 할 일의 우선순위를 정하라.

4 당신이 전도한 사람들이 예수 그리스도를 영접하지 않아도 실망하지 말라. 성공적인 전도는 성령의 능력 안에서 예수 그리스도를 전하고 그 결과는 하나님께 맡기는 것이다.

5 성령의 인도하심에 민감하라.

7. 예수 그리스도에 대해서만 말하라.

1 당신이 예수 그리스도에 대해서 이야기해 보면 많은 사람들이 그분을 영접할 준비가 되어 있음을 알게 될 것이다.

2 사도 바울은 어디를 가든지 만나는 사람들에게 예수 그리스도를 전했다(골 1:28상).

3 전도할 때 대화의 초점이 예수 그리스도에서 벗어나지 않도록 주의하라.

4 논쟁은 피하라. 무엇보다 사랑으로 전하라.

8. 결과를 기대하라.

1 이 시대 최고의 거짓말 중 하나는 '사람들이 하나님에 대해 알고 싶어 하지 않는다.'는 것이다.

2 사람들은 하나님을 갈망하고 있다(요 4:10~15). 성령은 수많은 사람들의 마음속에 이 갈망을 심어 놓으셨다.

성공적인 전도

8. 결과를 기대하라.
7. 예수 그리스도에 대해서만 말하라.
6. 가서 전하라.
5. 기도하라.
4. 예수 그리스도를 전하기 위해 준비하라.
3. 믿음으로 성령 충만 받은 것을 확인하라.
2. 고백하지 않은 죄가 없게 하라.
1. 그리스도인임을 확신하라.

강의 5

지상명령 성취에 참여하기

개관 목적

가서 제자 삼으라는 하나님의 부르심에 순종하여 전도하고 육성하며 파송하는 영적 승법번식을 실천함으로써 지상명령 성취에 헌신한다.

학습 목표

1. 지상명령의 의미를 이해하게 된다.
2. 영적 승법번식을 통해서만 지상명령 성취가 가능하다는 사실을 알게 된다.
3. 지상명령 성취를 위한 개인 전략의 필요성을 알게 된다.

서론 : 우리는 급격하게 변화하는 시대를 살아가고 있다.

1 전 세계적으로 환경오염, 범죄와 폭력의 증가, 알코올과 약물의 남용, 정치, 경제, 사회, 도덕적 타락과 핵 확산 같은 군사적 위협이 인류를 걱정과 근심에 빠져들게 하고 있다.

2 인류 역사에 큰 영향을 끼친 위대한 사회 개혁들은 대개가 영적 부흥의 결과였다.

3 오늘날 우리는 오순절 이후 최대의 영적 각성이 일어나는 시대에 살고 있다.

4 사람들은 예수님이 누구시며 그들을 위하여 무엇을 하실 수 있는지 알고 싶어 한다. 우리는 이러한 영적 대각성의 시대를 살면서 예수 그리스도만이 모든 문제들의 유일한 해결책이라는 사실을 온 세상 사람들에게 나타내야 한다.

1. 지상명령이란 무엇인가? (What)

지상명령(The Great Commission)은 역사상 가장 위대하신 분이 인간에게 주신 가장 위대한 계획이며, 가장 위대한 능력에 의해서 성취될 수 있는 가장 위대한 약속이다.

1 지상명령이란 하늘과 땅의 모든 권세를 가지신 예수님이 승천하시기 전에 제자들에게 주신 명령이다.

"예수께서 나아와 말씀하여 이르시되 하늘과 땅의 모든 권세를 내게 주셨으니 그러므로 너희는 가서 모든 민족을 제자로 삼아 아버지와 아들과 성령의 이름으로 세례를 베풀고 내가 너희에게 분부한 모든 것을 가르쳐 지키게 하라 볼지어다 내가 세상 끝날까지 너희와 항상 함께 있으리라 하시니라" (마 28:18~20)

(1) 부활하신 예수님은 하늘과 땅의 모든 권세를 가지신 분이다.

(2) 지상명령은 예수님이 승천하시기 전 제자들에게 위임하신 가장 중요한 사명(Mission)이다.

(3) 지상명령은 성령의 능력으로만 가능하다.

2 지상명령은 모든 민족에게 복음을 전하고 그리스도의 가르침을 지키는 제자를 세워 그들이

또 다른 사람에게 복음을 전파하는 것이다.

2. 왜 지상명령 성취에 헌신해야 하는가? (Why)

1 예수 그리스도께서 모든 세대의 그리스도인들에게 제자 삼으라고 명령하셨기 때문이다(마 28:19).

(1) 지상명령은 사도들뿐만 아니라 모든 세대의 그리스도인들에게 주신 것이다(요 17:18, 20).

(2) 21세기를 사는 우리는 1세기 제자들의 영적 후손들로서 그들과 동일하게 주님의 지상명령 성취를 위임받았다. 우리 모두는 그리스도를 전하고 그분의 증인이 되어야 할 책임을 갖고 있다.

(3) 우리가 예수 그리스도를 구주와 주님으로 고백하는 그리스도인이라면 우리가 가진 모든 것(시간·재물·은사 등)을 다 드려서 지상명령이 성취되도록 순종해야 한다.

2 예수 그리스도를 만나지 못한 사람은 모두 길 잃은 자들이기 때문이다(요 14:6).

3 성령께서 세계 모든 곳에 있는 사람들에게 하나님을 갈망하는 마음을 주셨기 때문이다.

4 전하는 자가 없으면 사람들이 복음을 들을 수 없기 때문이다(롬 10:13~15).

5 주님이 재림하시면 모든 사람을 심판하신다. 그러므로 주님이 다시 오시기 전에 긴급하게 복음을 전해야 하기 때문이다.

3. 지상명령은 언제 성취될 것인가? (When)

1 주님은 우리 세대와 모든 세대에서 지상명령이 성취되기 원하신다.

2 지상명령의 성취 시기는 하나님께 달려 있다(행 1:7; 마 24:14).

4. 지상명령을 성취하기 위해 우리는 어디로 가야 하는가? (Where)

1 예수님이 말씀하신 전략을 따라 우리 자신의 예루살렘에서부터 시작해야 한다(행 1:8).

2 전 세계로 나가야 한다(막 16:15).

5. 지상명령은 어떻게 성취될 수 있는가? (How)

1 지상명령은 어느 한 개인이나 교회 또는 선교단체가 혼자서 성취할 수 없다.

2 하나님께서 1951년 CCC에 지상명령 성취를 돕도록 비전을 주셨다.

(1) CCC의 기본 전략은 사람을 전도해서 말씀으로 육성하고 그가 또 다른 사람을 전도하고 제자화 하도록 파송하는 것이다(딤후 2:2).

(2) 초대 교회가 복음을 다른 사람에게 쉽게 전수함으로써 불과 1세기만에 소아시아와 유럽에까지 복음을 전할 수 있었던 것처럼 우리도 복음을 쉽게 전하는 전략을 사용하고 있다.

(3) CCC는 기도와 성령 충만을 모든 사역의 중심에 두고, 캠퍼스와 커뮤니티, 기타 모든 계층과 지역을 아우르는 입체적인 복음화 사역에 집중하고 있다.

(4) 한국CCC는 1958년 설립 이후 지금까지 지상명령 성취를 위해 다음과 같은 사역들을 해 왔다.

① "민족의 가슴마다 피묻은 그리스도를 심어 이 땅에 푸르고 푸른 그리스도의 계절이 오게 하자" 라는 비전 아래 캠퍼스의 대학생들에게 복음을 전하고 육성하여 사회 각 영역에 리더로 파송해 왔다.

② Explo' 74와 같은 대형 전도집회를 통해 전도훈련을 하고 영적 운동을 일으켜 교회 성장과 세계 선교에 크게 기여해 왔다.

③ 1990년에 'New Life 2000 마닐라 프로젝트'를 통해 한국 교회의 해외 단기선교 시대를 열었고, 2007년에는 'CM 2007'을 통해 전세계 6000여개의 미전도 캠퍼스를 개척하려는 전략을

세웠으며, 이에 따라 현재 A6프로젝트를 통해 개척선교를 진행하고 있다.

④ 캠퍼스 사역뿐만 아니라 문서, 음악, 스포츠, 가정, 의료, 복지, 미디어, 북한, 구제 등의 커뮤니티 사역을 진행하고 있다.

3 모든 그리스도인이 영적 승법번식을 기초로 한 개인 전략을 세우고 직접 참여할 때 지상명령은 성취될 수 있다.

(1) 지상명령 성취를 이루는 방법에는 영적 가법번식과 영적 승법번식이 있다.

① 영적 가법번식이란 당신이 전도만 하고 영적으로 재생산하지 않는 것을 말한다.

〈영적 가법번식〉

② 영적 승법번식이란 당신이 계속 전도할 뿐 아니라 그리스도를 영접한 새로운 그리스도인을 훈련시켜 제자로 세우고, 그가 또 다른 사람들을 전도하고 제자로 세워 영적 재생산을 하는 것이다.

"또 네가 많은 증인 앞에서 내게 들은 바를 충성된 사람들에게 부탁하라 그들이 또 다른 사람들을 가르칠 수 있으리라" (딤후 2:2)

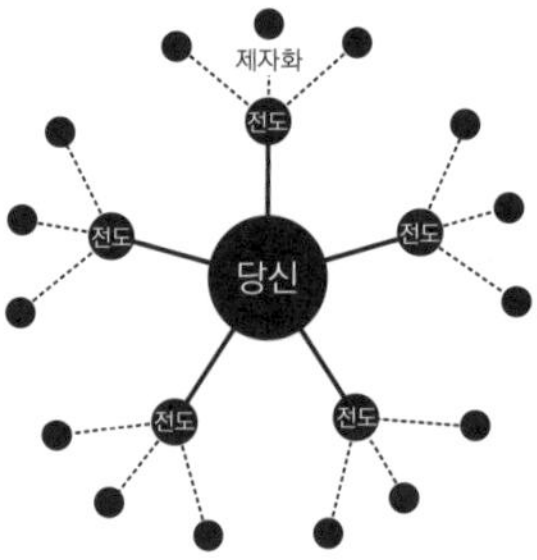

〈영적 승법번식〉

(2) 영적 승법번식을 위한 개인전략은 지상명령 성취를 돕기 위해 자신의 시간과 재능과 재산을 어떻게 쓸 것인가에 대해 신중하게 수립한 활동 계획이다.

(3) 개인전략을 세우고 실천하는 것은 지상명령 성취를 도우라는 주님의 명령에 순종하는 것이며, 그 전략에 따라 행동할 때 우리는 더 효과적으로 우리의 에너지와 자원을 사용할 수 있게 된다.

6. 지상명령 성취의 긴급성

1 주님의 일을 보통 일처럼 해서는 결코 만족할 수 없다. 지상명령 성취를 위해서는 사명감과 절대 헌신이 요구된다.

2 절대 헌신은 예수님의 제자들과 초대 교회 그리스도인들의 특징이었다.

3 지난 2000여 년 동안 하나님께서는 사도 바울과 같은 헌신된 그리스도인들을 통해 이 위대한 계획을 성취하고 계시고 지금도 이 지상명령 성취할 사람들을 찾고 계신다.

4 하나님께서는 오늘날 우리에게도 지상명령 성취를 돕는 운동에 참여할 수 있는 특권을 주셨다.

5 당신은 위대한 부르심에 어떻게 응답하겠는가? 이 운동에 당신이 어떻게 참여할 것인지를 생각하면서 기도하라.

"사랑하는 하나님 아버지,
지금 저는 저의 삶을 온전히 주님께 드립니다.
주님이 원하시는 일을 위해 저를 사용하여 주옵소서.
어디에 있든 무엇을 하든 하나님의 사랑과 죄 용서의 복음을 증거하고 제자 낳는 삶을 살게 하소서. 이 시대에 주님의 지상명령 성취를 위해 성령 충만한 그리스도인으로 살게 하소서.
예수님의 이름으로 기도합니다. 아멘."

토의

토의 1

사영리 소개 및 실습

사영리
전도 훈련
1

서론 : 열매 맺는 전도를 하기 위해서는 훈련이 필요하다.

1 전도는 다양한 방법(개인전도, 그룹전도, 관계전도)을 통해 사람들이 복음을 듣고 예수 그리스도를 인격적으로 영접할 수 있는 기회를 주는 것이다.

2 그리스도를 효과적으로 전하고 제자화하기 위해서는 훈련이 필요하다. 이를 위한 기본적인 훈련이 LTC(Leadership Training Class)이다. LTC는 초급, 중급, 고급 3단계로 구성되어 있다. 초급에서는 전도, 중급에서는 기초 육성, 고급에서는 제자화 훈련에 초점을 맞추고 있다.

3 LTC 초급은 사영리를 통한 전도에 초점이 맞춰져 있다. 언제 어디서나 최대한 효과적으로 복음의 핵심을 전달하여 사람들로 하여금 예수 그리스도를 영접하도록 돕는다.

1. 사영리 소개

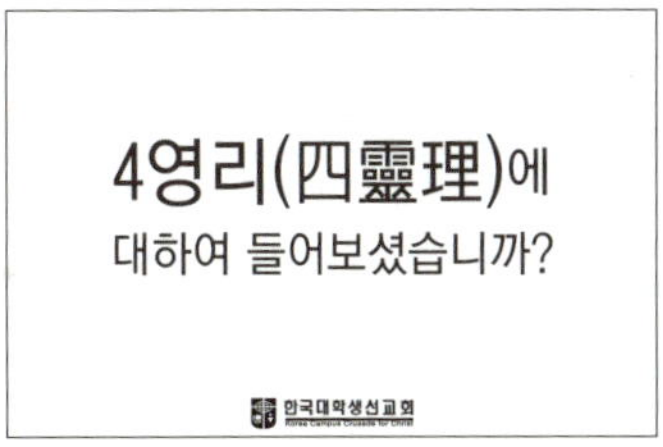

1 사영리는 이 훈련의 중심 교재이다.

2 사영리는 사람들이 예수 그리스도를 인격적으로 만날 수 있는 방법을 가르쳐 주기 위해 만들어진 전도 책자이다.

3 사영리가 복음을 전하기 위해 사용되는 유일한 책자나 방법은 아니다. 그러나 수많은 사람들이 사용해 본 결과 효과적이고 전하기 쉽다는 것이 증명되었다.

4 사영리에는 예수 그리스도를 영접해서 구원을 받는 것에 필요한 복음의 핵심 내용들이 체계적으로 실려 있다.

2. 사영리 사용의 장점

1 누구나 복음을 간단명료하고 쉽게 전할 수 있다.

2 "사영리에 대하여 들어보셨습니까?" 라는 간단한 말로 대화를 시작할 수 있다.

3 "하나님은 당신을 사랑하십니다."라는 긍정적인 말로 시작한다.

4 영접 기도문이 실려 있어 그리스도를 영접하는 구체적인 방법을 제시하고 있다.

5 그리스도를 영접한 후 구원의 확신을 갖는 방법도 다루고 있다.

6 그리스도인이 어떻게 성장할 수 있는지를 알려주며 교회 출석의 중요성을 강조한다.

7 전도할 때 무엇을 어떻게 말해야 하는가를 알려줌으로써 전도에 자신감을 준다.

8 짧은 시간 안에 예수 그리스도를 영접하는 방법을 가르쳐 준다.

3. 사영리 시범

4. 둘씩 짝지어 연습

5. 개인 간증문 준비 지침

1 성령의 인도하심에 따라 간결하게 잘 준비된 개인 간증은 듣는 사람들이 예수 그리스도를 알고, 개인적인 관계를 맺고 싶은 마음을 갖도록 도와준다.

2 잘 준비된 3분 간증은 많은 내용을 담은 긴 간증보다 전도에 더 효과적이다. 긴 간증은 예수 그리스도보다 전도자 자신에게 집중하게 할 우려가 있으며, 피전도자가 예수 그리스도를 영접하도록 결단하는 것의 중요성을 약화시키고 결단하는 기회를 잃어버릴 수 있다.

3 개인 간증을 준비할 때 해야 할 일

(1) 간증을 준비할 때 주님께서 지혜를 주시고 인도해 주시도록 기도하라.

(2) 다음의 세 가지에 중점을 두라.

① 예수 그리스도를 영접하기 전의 나의 삶은 어떠했는가?

② 예수 그리스도를 어떻게 영접하게 되었는가? (구체적으로 적으라.)

③ 예수 그리스도를 영접한 후의 나의 삶은 어떻게 변화되었는가?

(3) 어렸을 때 그리스도인이 된 경우 개인적으로 주님과의 관계를 확신하게 된 것에 중점을 두라.

(4) 관심과 주위를 끌 수 있는 말로 시작하고 깔끔하게 끝을 맺으라.

(5) 듣는 사람이 공감할 수 있도록 표현하라.

(6) 흥미를 일으킬 수 있도록 구체적으로 표현하라.

(7) 필요한 성경 구절을 사용하되 두 개 이상을 넘지 않도록 하라.

(8) 여러 번의 수정을 거쳐 최종 완성본을 만들라.

(9) 다른 간증집이나 C.C.C.에서 나오는 정기간행물인 〈CCC편지〉 등에서 3분 간증의 예들을 참조하라.

(10) 그리스도인이 아닌 사람들에게 충분히 관심사가 될 만한 사건이나 경험을 선택하여 하나의 주제에 따라 자신의 간증문을 생각해 보라. 예를 들어 삶의 목적, 인생의 성공, 가치관, 돈, 행복, 다른 사람들을 돕고 싶은 열망 등과 같은 것을 다루라.

(11) 누군가 당신의 간증을 듣고 주님을 믿을 수도 있다는 것을 명심하고 예수 그리스도를 믿은 후 당신의 삶이 어떻게 바뀌었는지를 강조하라. 당신의 간증에 어떤 극적인 요소나 흥분될 만한 사실이 없다 하더라도 염려하지 말고 최대한 듣는 사람의 관심을 끌 수 있도록 전하라.

(12) 간증은 현실적이어야 한다. '예수를 믿었더니 인생의 모든 문제가 해결되더라' 는 식의 간증보다는 '내가 항상 너희와 함께 하겠다' 고 하신 예수님의 약속을 믿음으로 어떤 문제나 상황 속에서도 평안할 수 있었고 확신 가운데 극복해 나갈 수 있었다는 것을 강조하라.

(13) 긍정적으로 시작해서 긍정적으로 마무리하라.

(14) 대중 앞에서 간증 할 때도 개인에게 얘기하는 것처럼 하라.

4 간증할 때 또는 간증문을 작성할 때 아래의 사항은 피하라.

(1) 특정한 교회나 사람을 비판하거나 무시하는 말을 하지 말라.

(2) 설교하려 하지 말라(이것은 간증이지 설교가 아니다.).

(3) 그리스도인들이 상투적으로 쓰는 용어들을 피하라.

① 궁핍, 경외, 환난
② 신령한, 거룩한, 영감
③ 승리, 충만, 풍성함
④ 할렐루야, 하나님께 영광 등

(4) 평상시와 다른 목소리나 너무 크거나 작은 목소리로 말하지 말라.

(5) 비그리스도인들에게 의미가 생소한 용어들 '구원', '거듭남', '회심', '중생' 등의 용어를 사용할 때는 그 뜻을 설명해 줄 필요가 있다.

(6) 긴장하거나 불안할 때 습관적으로 하는 몸짓이나 말을 주의하라.

(7) 걸어 나오면서 또는 자리에서 일어나면서 이야기를 시작하지 말라.

(8) 장황하고 불필요한 말들을 피하라.

6. 과제

1 친구나 주위의 아는 사람들에게 사영리를 읽어 주라.

⑴ 읽어 주기 전에 다음과 같이 말하라. **"저는 한 세미나에 참석하고 있는데, 과제 중의 하나가 이 책자를 읽어 주고 어떻게 생각하는지 사람들의 의견을 듣는 일입니다. 사영리에 대하여 들어 본 적이 있으세요?"**

⑵ "성공적인 전도는 성령의 능력 안에서 예수 그리스도를 전하고 그 결과는 하나님께 맡기는 것이다."

2 3분 개인 간증문을 써서 ________년 _____월 _____일 까지 순장 혹은 간사에게 제출하라. 다음과 같은 요령으로 간단히 작성한다.

⑴ 예수 그리스도를 영접하기 전의 나의 삶은 어떠했는가?

⑵ 예수 그리스도를 어떻게 영접하게 되었는가?

⑶ 예수 그리스도를 영접한 이후의 나의 삶은 어떻게 변화되었는가?

토의 2

사영리 4가지 원리의 이해와 실습

사영리
전도 훈련
2

1. 사영리의 단계적 설명

1 제1원리 : 하나님

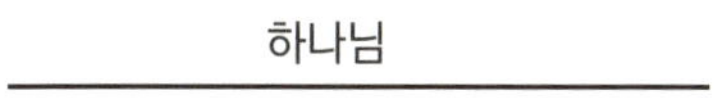

2 제2원리: 사람

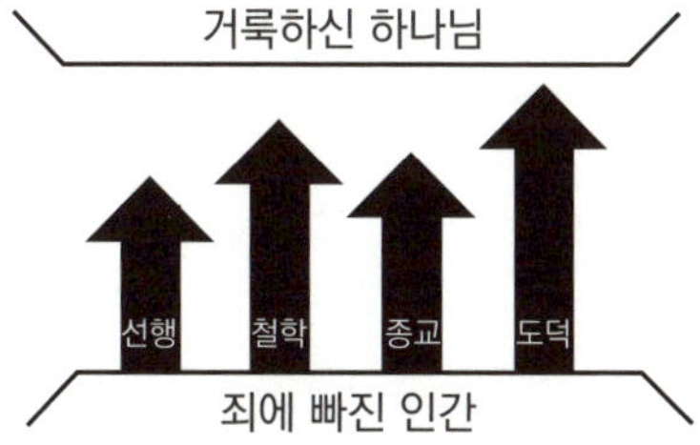

3 제3원리 : 예수 그리스도

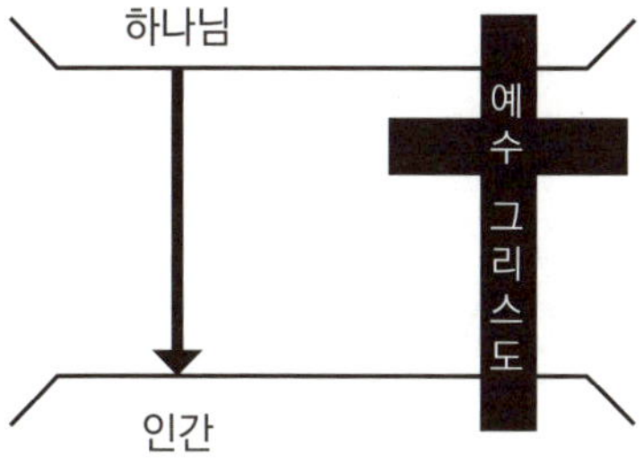

4 제4원리 : 우리

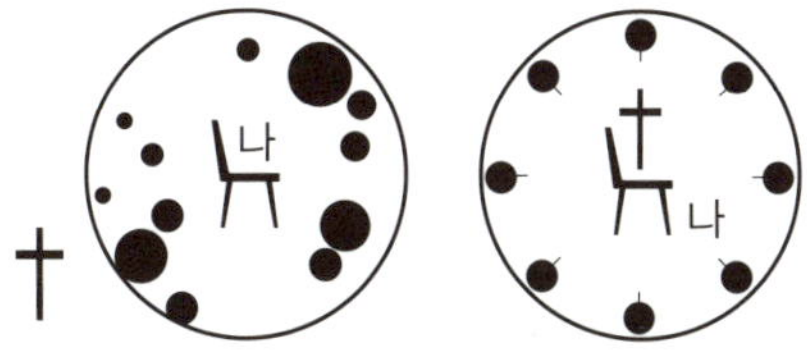

〈의지의 표현〉

2. 구원의 확신을 갖는 방법

가. "그리스도가 당신 안에 계심을 어떻게 알 수 있을까요?" (사영리, P4U 11쪽)

1 시범 관찰(11쪽 이후)

____

____

2 개 요 : 그리스도가 당신 안에 계심을 어떻게 알 수 있을까요?

(1) 11쪽에 있는 첫 번째 질문을 한다.
"예수 그리스도를 당신 안에 영접하셨습니까?"

(2) 이어서 11쪽에 있는 두 번째 질문을 한다.
"요한계시록 3장 20절의 약속에 의하면 지금 예수 그리스도는 당신의 경우 어느 곳에 계십니까?"
만일 새 신자가 예수 그리스도가 자신 안에 계신다는 사실을 확실히 모르면, 사영리 9쪽으로 넘어가서 그에게 요한계시록 3:20 말씀을 읽게 한다.

(3) 11쪽의 두 번째 질문을 다시 한다. 그래도 그가 여전히 예수 그리스도가 어디에 계신지를 알지 못하면 다음의 추가 질문을 한다.
① "이 말씀에서 문은 무엇을 나타냅니까?"
② "우리가 할 일은 무엇입니까?"
③ "그리스도가 하시는 일은 무엇입니까?"
④ "당신은 영접 기도를 할 때 진실한 마음으로 예수 그리스도를 영접하셨습니까?"

(4) 세 번째 질문을 계속한다.
"그러면 무슨 근거로 하나님이 당신의 기도를 들으셨다는 사실을 알 수 있습니까?"

(5) 각 질문에 새 신자가 반응할 수 있도록 천천히 그리고 잠깐씩 __________ 질문한다.

(6) 예수 그리스도께서 요한계시록 3:20의 약속에 근거하여 그의 생애에 들어오셨음을 확실히 알게 하라. 새 신자가 확실히 알고 난 후에 다음 질문으로 넘어가라.

3 둘씩 짝지어 연습

나. "성경은 예수 그리스도를 영접하는 모든 사람에게 영원한 생명을 약속하고 있습니다." (사영리, P4U 11쪽)

1 시범 관찰

____

____

2 개 요

새 신자로 하여금 요한일서 5:11~13을 소리 내어 읽도록 한다. 아래의 질문을 한다.

(1) 하나님이 우리에게 무엇을 주셨습니까? 답 : ____________

(2) 이 생명은 어디에 있습니까? 답 : 그의 __________ 안에

(3) 당신 안에 예수그리스도가 계십니까? 답 : ________

(4) 예수 그리스도가 당신 안에 계신다면, 당신은 무엇을 소유하고 있습니까? 답 : ________

(5) 당신 안에 영생이 있음을 어떻게 알 수 있습니까? 답 : ______________________

3 둘씩 짝지어 연습

다. "예수 그리스도께서 당신 안에 들어오셔서 영원히 떠나지 아니하심을 항상 감사하십시오." (사영리, P4U 11쪽)

1 시범 관찰

____

____

2 개 요

(1) 새 신자에게 히브리서 13:5 하반절을 읽게 한다.

"…그가 친히 말씀하시기를 내가 결코 너희를 버리지 아니하고 너희를 떠나지 아니하리라

하셨느니라"

(2) 다음과 같이 질문한다.

① "이 말씀에 의하면, 당신이 예수님을 영접한 이 후에 그분이 당신을 떠나실까요?"
답 : ______________________________

② "그리스도가 결코 당신을 떠나지 않으신다면 당신은 그분을 일생 동안 몇 번이나 영접해야 합니까?" 답 : ______________________________

(3) 때때로 새 신자들은 죄를 지으면 예수님이 떠나시므로 죄를 지은 후에는 그리스도를 다시 영접해야 한다고 생각할 수도 있다.
내 안에 들어오신 예수님은 절대로 떠나시지 않는다는 것을 확신할 수 있도록 도우라.

3 둘씩 짝지어 연습

3. 사영리 소개 끝마무리(사영리, P4U 12~16쪽)

1 사영리 12쪽에서 16쪽 위까지는 가감 없이 읽어 나가라.

2 사영리 12쪽에 나오는 '사실' '믿음' '감정' 의 관계는 기차 그림을 가리키며 읽어주라.

4. 과 제

1 사영리 책자를 최대한 많은 사람에게 읽어 주라.

토의 3

사영리 전도시 여러 가지 반응 대처하기

사영리
전도 훈련
3

1. 사영리를 소개하는 방법

사영리를 나누기 시작할 때 도움이 되는 몇 가지 질문이 있다.

1 사영리에 대하여 들어보셨습니까?

2 사영리에 대한 당신의 의견을 말씀해 주시겠습니까?

3 제가 한 세미나에 참석하고 있는데, 거기서 저에게 의미가 있었던 책자를 당신에게 소개해 드리고 싶습니다. 사영리에 대하여 들어보셨습니까?

2. 효과적으로 사영리를 사용하는 방법

1 가장 효과적으로 사영리를 전하는 방법은 그대로 소리 내어 읽어 주는 것이다. 불필요한 말을 넣지 말라.

2 상대방이 사영리 내용에서 벗어난 질문을 할 때에는 사영리를 계속 읽어가는 동안에 그 답을 알게 될 것이라고 말하라. 또는 "참 좋은 질문입니다. 먼저 사영리를 다 읽은 후에 그 문제에 대해 같이 이야기해 봅시다."라고 말하라. 질문의 진실성 여부를 분별하여 간단한 질문은 대답해 주고 계속 해서 사영리를 읽어나가라.

3 사영리를 읽을 때 "이해가 되십니까?"라고 종종 질문하라.

4 상대방이 잘 볼 수 있도록 사영리를 반으로 접어 손에 들고 읽으라. 주의를 집중시키기 위해서 읽는 곳을 펜으로 가리키면서 읽으라.

5 사영리를 읽어나가는 동안 상대방으로 하여금 두세 개의 성경 구절을 읽게 하라.

6 그룹에서 전할 경우에는 각 사람에게 사영리를 한 권씩 나눠주고 전하라. 그들 중에 예수 그리스도를 영접하기 원하는 사람들과 기도하라. 한두 명만 관심을 보일 때는 그들과 따로 만나서 전하는 것이 좋다.

7 영접 기도를 할 때 예수 그리스도께서 그의 기도를 들으신다는 것을 믿고 기도하도록 권면하라. 예수 그리스도께서 우리 마음에 들어오시는 것은 믿음을 통해 이루어진다는 것을 이해시키고 믿지 않고 기도 할 경우 아무 소용이 없다는 것을 알게 하라.

8 영접기도를 마음속으로 하기 원하는지, 소리 내어 따라 하기 원하는지에 대해 민감해야 한다. 어떤 사람은 소리 내지 않고 기도하기를 원할 수도 있다.

9 예수 그리스도를 영접하도록 강요해서는 안 된다.

10 예수 그리스도를 영접하도록 사람들을 변화시키는 분은 성령님이심을 기억하라.

11 사영리에 대해 한 번 이상 들어본 사람이라면 사영리를 어떻게 생각하는지 혹은 다른 질문이 있는지 물어 보라. 관심은 있는데 복음을 잘 모르고 있다면 다시 한 번 사영리를 전해 주라. 사영리를 들은 사람들에게 다시 전하는 것을 두려워하지 말라.

12 처음 만났을 때 예수 그리스도를 영접하지는 않았지만 그분을 더 알기 원한다면 시간을 내서 대화하고, 질문이 많을 경우 그 질문들에 대해 이야기하기 위해 만남 약속을 하라.

(1) 그에게 '사영리' 를 주고 읽어오게 하라.

(2) 그를 위해 기도하라. 그를 다시 만나면 지난 번 대화에 대해 더 생각해 보았는지 또는 질문이 있는지 물어 보라.

13 상대방이 다시 만나기를 원치 않으면 만나기를 강요하지 말라. 대신 그가 다른 질문이나 더 말하고 싶은 것이 있는지 물어 보라. 그리고 그를 위해 기도하라.

14 예수 그리스도를 증거하는 일은 자연스럽게 생활화되어야 한다.

15 상대방이 그리스도를 영접하지 않았다고 실망하지 말라. 성공적인 전도는 성령의 능력 안에서 예수 그리스도를 전하고 그 결과는 하나님께 맡기는 것임을 명심하라(고전 3:6~7). 필요하다면 사영리를 처음부터 다시 시작하라.

3. 사영리를 전할 때 여러 가지 반응에 대처하는 방법

1 사영리 9쪽의 첫 번째 질문 “어느 그림이 당신의 삶을 잘 나타내고 있습니까?”

(1) ‘왼쪽 그림’ 이라는 경우

- 다음 질문을 계속한다.

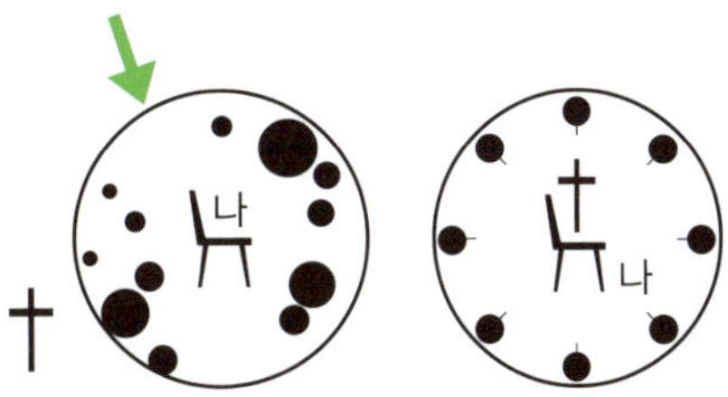

(2) ‘잘 모르겠다’, ‘중간’, ‘침묵’ 일 경우

- 다음 질문을 계속한다.

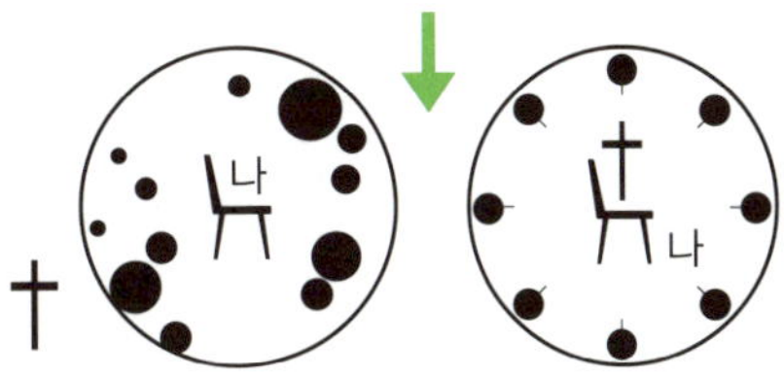

(3) ‘오른쪽 그림’ 이라는 경우

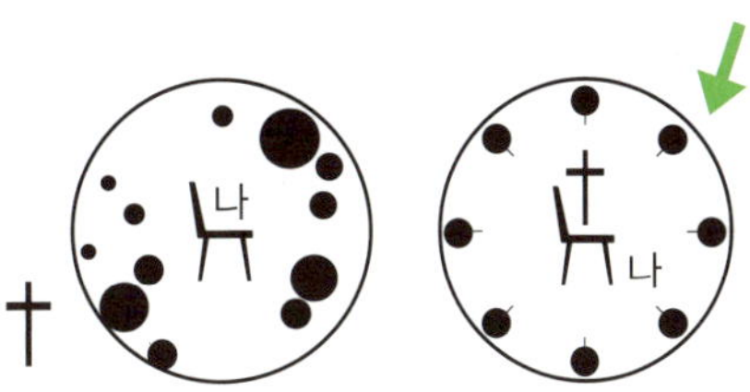

① 다음 질문으로 넘어가지 말고

② **“참 반갑습니다. 다른 사람에게 당신의 신앙을 전할 수 있도록 이 책자를 끝까지 읽어 드리겠습니다.”** 라고 말한다.

③ 사영리 10쪽에 있는 기도문까지 읽고 난 후

④ **“이와 같은 방법으로 예수 그리스도를 영접한 일이 있습니까?”** 라고 질문한다.

㉠ “아니오” 라고 대답하면 “이 기도가 당신의 마음에 드십니까?” 라고 질문한다. “네” 라고 대답하면 사영리 10쪽을 끝까지 읽고 영접 기도를 한마디씩 따라하게 한다.

㉡ “네” 라고 대답하면 그가 언제 어떻게 예수 그리스도를 영접했는지 질문한다. 그리고 지금 예수 그리스도가 그의 마음에 계신 것을 확신하고 있는지 질문한다. 사영리 11쪽에 있는 질문 “예수 그리스도가 당신 안에 계심을 어떻게 알 수 있을까요?” 를 질문한다.
“잘 모르겠다.” 고 대답하면 사영리 11쪽부터 읽어준다.

2 사영리 9쪽의 두 번째 질문 "당신은 어느 그림에 속하게 되기를 원하십니까?

(1) '오른쪽 그림' 이라는 경우
- 사영리 10쪽까지 다 읽은 후 영접 기도를 할 수 있도록 인도한다.

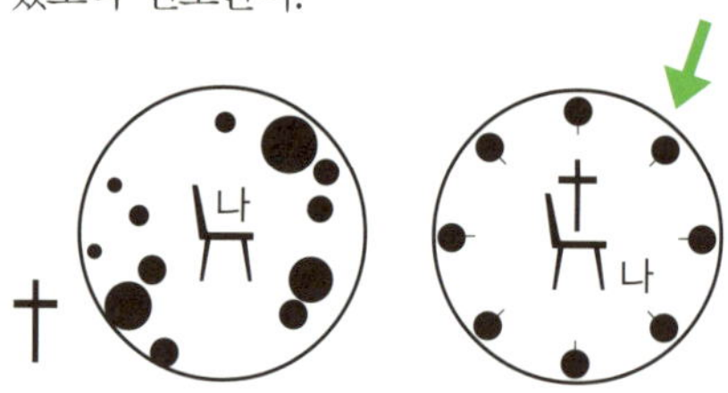

(2) '왼쪽 그림' 이라는 경우

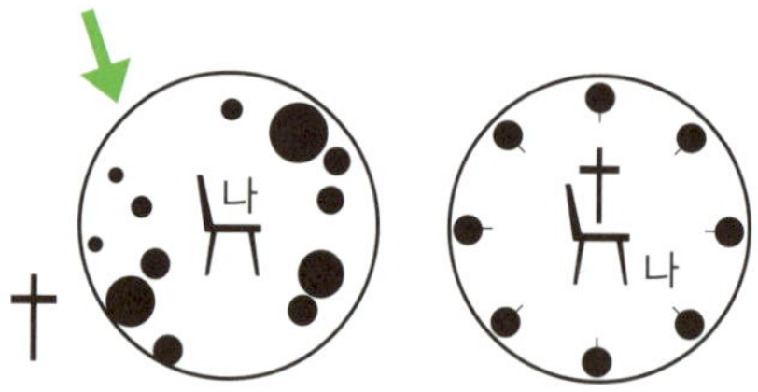

① **"그렇습니까? 언젠가 예수님을 믿고 싶을 때 어떻게 그리스도를 영접하는지 알려드리겠습니다."** 라고 말한다.

② 사영리 10쪽까지 다 읽은 후 그가 원한다면 영접 기도를 하도록 인도한다.

3 사영리 10쪽의 "이 기도가 당신의 마음에 드십니까?"

(1) '예' 라는 경우 - 한마디씩 소리 내어 영접 기도를 따라 하도록 인도한다.
(이 경우는 시범하지 않고 설명만 하라.)

(2) '아니오' 라는 경우

① **"예수 그리스도를 영접하면 무슨 일이 일어나는지 알려드리겠습니다."** 라고 말하고

② 사영리 13쪽을 펴서 5가지 결과를 미래 시제로 읽어준다. 예를 들면 "당신이 예수 그리스도를 영접하면 예수 그리스도께서 당신 안에 들어 오실 것입니다."

③ 5가지 결과를 미래 시제로 읽어준 후 다음과 같이 질문한다.
"예수 그리스도를 영접하시면 당신에게도 이런 일들이 일어날 것입니다. 그리스도를 영접하시겠습니까?"

㉠ "네" 라고 대답하면 사영리 10쪽으로 돌아가서 영접 기도를 인도한다.

㉡ "아니오" 라고 대답하면 시간을 내준 것에 대해 감사하고 나중에 그 사람이 다시 읽어 볼 수 있도록 사영리 책자를 준다.

4. 과 제

1. ‘사영리를 소개하는 방법’, ‘효과적으로 사영리를 사용하는 방법’, ‘사영리를 전할 때 여러 가지 반응에 대처하는 방법’을 다시 읽으라(교재 64쪽 도표 참고).

2. 계속해서 사람들에게 사영리로 전도하라.

3. 사람들에게 사영리를 전할 때 도움이 되는 질문들을 활용하라.

토의 4

성령소책자 전하기

토의
4

1. 전도의 말문을 여는 네 가지 질문

■1 전도 모임이나 교회 예배 후에 다음 네 가지 질문으로 복음에 대한 대화를 이어갈 수 있다.

(1) (모임이) 어땠습니까?

(2) (이 모임이) 당신에게 의미가 있었습니까?

(3) (이 모임을 통해) 개인적으로 예수 그리스도를 만나셨습니까?

(4) 예수 그리스도를 만나고 싶습니까?

2. 성령소책자 소개

젊은이를 위한 성령소책자

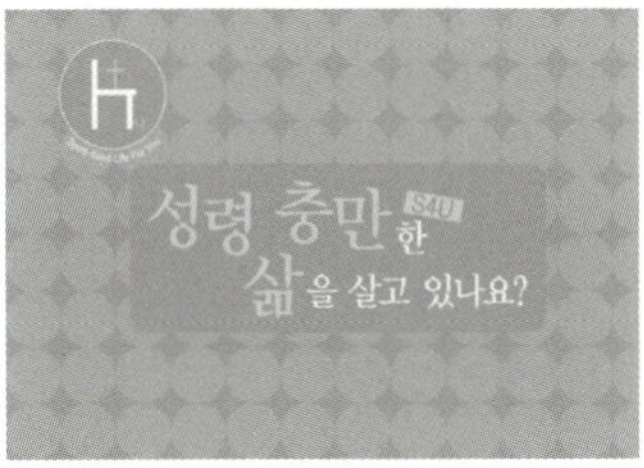

장년층을 위한 성령소책자
(디자인만 다르고 내용은 동일함)

■1 그리스도인은 믿음으로 성령 충만을 받을 때 하나님이 예비하신 풍성하고 열매 맺는 삶을 살 수 있다(갈 3:14 하).

■2 성령소책자는 성령 충만한 그리스도인과 거듭났으면서도 좌절과 패배의 삶을 살아가는 세상적인 그리스도인을 보여주며, 세상적인 그리스도인이 풍성하고 승리하는 삶을 살 수 있는 방법을 가르쳐 준다.

■3 영혼의 호흡을 통해 지속적으로 성령 충만한 삶을 살 수 있다는 것이 성령소책자의 요점이다.

■4 성령소책자는 그리스도인에게 성령 충만 받는 방법을 가르쳐주는 책자로써 육성의 기초이며 핵심이다.

3. 성령소책자를 전하는 방법

1 성령소책자는 예수 그리스도를 영접하여 그리스도가 자신의 마음속에 계신 것을 알고 있지만, 승리하는 삶을 살지 못하는 세상적인 그리스도인들에게 필요하다.

2 사영리를 전하다가 상대방이 예수 그리스도를 영접한 사람이라는 것을 알게 되었을 때 이렇게 말하라.

"그리스도인의 삶에 관련된 세 번째 그림이 있습니다. 이 소책자는 당신이 어떻게 풍성한 삶을 살 수 있는지 설명하고 있습니다. 성령 충만한 삶을 살고 있나요?"

3 이렇게 말한 후 그 사람이 "아니오" 라고 하면 성령소책자를 전해 주라.

4 성령소책자를 전하다가 그가 성령 충만 받는 기도를 하기 원하면 12쪽의 기도문을 한마디씩 따라하도록 인도하라.

4. 성령소책자 시범

5. 둘씩 짝지어 연습

6. 과 제

1. 다른 사람에게 사영리로 전도할 때 위의 네 가지 질문을 사용해 보라.

2. 그리스도인들에게 지속적으로 성령소책자를 전하라.

3. 사영리로 계속 전도하라.

토의 5

지상명령 성취를 위한 개인전략 세우기

토의
5

1. 그리스도인들을 향한 하나님의 최우선과 계획

1 모든 세대에 지상명령을 성취하도록 돕는 것이 하나님의 최우선적인 뜻이다(마 28:18~20).

"예수께서 나아와 말씀하여 이르시되 하늘과 땅의 모든 권세를 내게 주셨으니 그러므로 너희는 가서 모든 민족을 제자로 삼아 아버지와 아들과 성령의 이름으로 세례를 베풀고 내가 너희에게 분부한 모든 것을 가르쳐 지키게 하라 볼지어다 내가 세상 끝날까지 너희와 항상 함께 있으리라 하시니라" (마 28:18~20)

2 영적 승법번식은 지상명령 성취를 위한 하나님의 계획이다(딤후 2:2).

3 전도는 영적 가법번식이다.

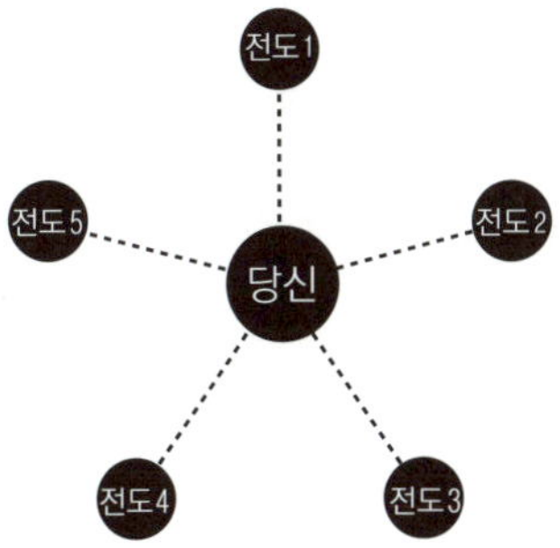

4 육성은 영적 승법번식이다.

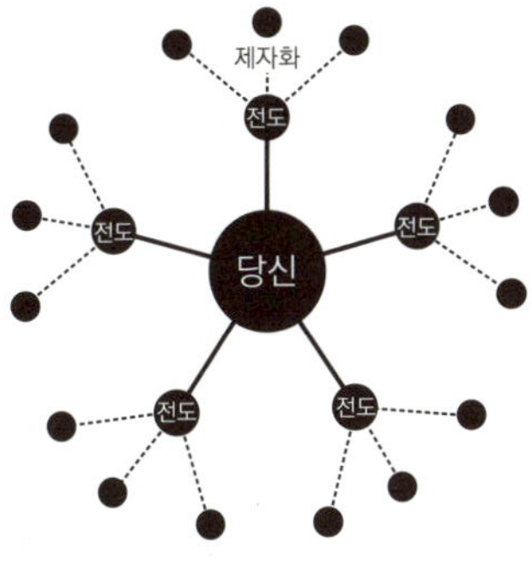

5 육성의 목표는 영적 승법번식을 통해 모든 곳에 영적 운동을 일으켜 지상명령 성취를 돕는 것이다.

6 육성은 새 신자들을 기초순모임에 참여하게 함으로 시작된다.

2. 기초순모임의 장점

1 순원들이 함께 교제함으로 서로의 삶에서 하나님이 하신 일들을 나눌 기회를 갖고 이를 통해 격려와 도전을 받는다.

2 기도와 성경 공부를 통해서 그리스도인으로서 성장할 기회를 갖는다.

3 순원들이 개인 전도와 제자화 사역에 대한 도전과 훈련을 통해 준비할 기회를 갖는다.

4 캠퍼스, 직장, 지역 교회, 지역 사회 등 여러 곳에서 전도 프로그램을 계획하고 실천할 기회를 갖는다.

5 순원이 지역 교회에 등록하여 활동하도록 돕는다.

3. 지상명령 성취를 위한 개인전략 짜기

1 전도의 동기, 방법, 과정뿐만 아니라 열매 맺는 것도 중요하다. 전도를 통해 많은 열매를 맺기 위해서는 개인전략이 필요하다.

2 개인전략은 전도와 순모임의 대상을 구분하여 우선순위에 따라 전도하고 제자화하기 위한 실행계획이다.

3 개인전략 도표는 전도 대상자와 순모임 대상자를 분류하고, 전도 방법과 전도 도구, 전도와 순모임의 실행 일시를 기록한 도표이다.

〈지상명령 성취를 위한 개인전략 도표〉

관 계	가법번식 명단 (전도 대상자)	승법번식 명단 (순모임 대상자)	전도 방법 / 도구	실행 / 일시
이 웃				
학교 및 직장				
교 회				
사회생활/친목/ 취미 동호인 등				
기타				

Q1 〈사영리 9쪽〉

어느 그림이 당신의 삶을 잘 나타내고 있습니까?

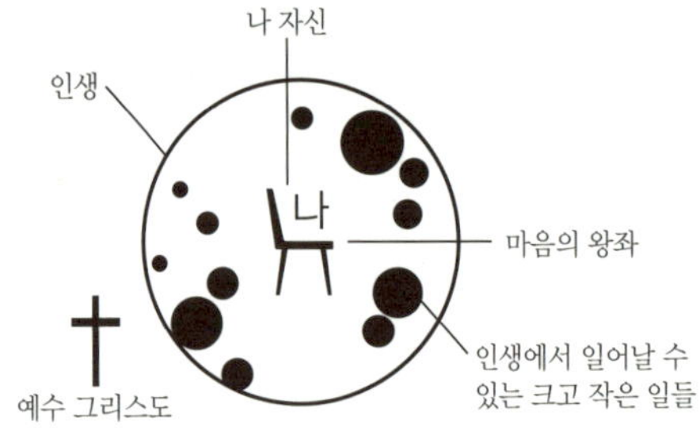

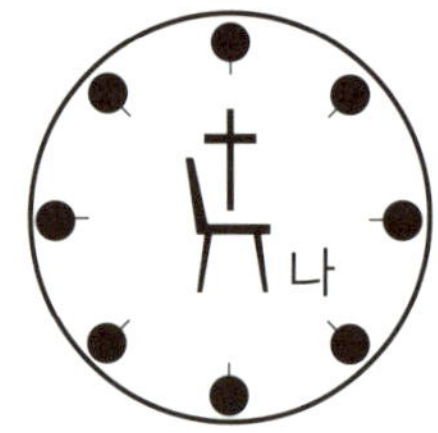

〈왼쪽, 중간, 무응답, 잘 모름〉

두 번째 질문을 한다.

Q2 〈사영리 9쪽〉

당신은 어느 그림에 속하게 되기를 원하십니까?

왼쪽

그렇습니까? 언젠가 예수님을 알고 싶을 때 어떻게 그리스도를 영접하는지 알려드리겠습니다.

오른쪽

→ Q3

〈오른쪽〉

참 반갑습니다. 다른 사람에게 당신의 신앙을 전할 수 있도록 이 책자를 끝까지 읽어드리겠습니다.

〈9쪽〉전환 구절부터 〈10쪽〉기도문까지 읽고 다음 질문을 한다.

이와 같은 방법으로 예수 그리스도를 영접한 일이 있으십니까?

없다

세 번째 질문을 한다.

있다

언제, 어떻게 예수 그리스도를 영접했는지 말씀해 주시겠습니까?

영접한 것이 분명한 경우 〈11쪽〉 확신 부분을 다룬다. 확신 후 끝까지 읽어나가거나 성령 소책자로 연결한다.

Q3 〈사영리 10쪽〉

10쪽의 기도문까지 읽고 세 번째 질문을 한다.

이 기도가 당신의 마음에 드십니까?

마음에 든다

아래 두 줄을 읽은 후 기도를 따라 하도록 인도한다. "제가 한마디씩 기도할 때 눈을 감고 간절한 마음으로 저를 따라 기도해 주십시오."

마음에 안 든다

예수 그리스도를 영접하면 무슨 일이 일어나는지 알려드리겠습니다.

〈13쪽〉 다섯 가지 결과를 미래형으로 읽어주고 다음 질문을 한다.

예수 그리스도를 영접하면 당신에게도 이런 일들이 일어날 것입니다. 그리스도를 영접하시겠습니까?

예

10쪽으로 돌아와 맨 아래 두 줄을 읽고 기도를 따라 하도록 한다.

아니오

시간을 내주셔서 감사합니다. 사영리를 선물로 드릴 테니 조용한 시간에 다시 한 번 읽어주십시오.

죄 목록

요일 1:9

개인 신앙 간증문

No.

_______ 지구　　제 ____ 순　　순장 _______

1 예수 그리스도를 믿기 전의 나의 삶

2 예수 그리스도를 영접하게 된 구체적인 경위

3 예수 그리스도를 영접한 후 나에게 일어난 변화와 지금 예수 그리스도가 나에게 주는 의미
감명 깊은 성경 구절
① ②
질문 (성경 관련 질문 또는 신앙생활에서 꼭 해결받기 원하는 문제)
① ② ③

개인 전도 보고서

No.

<table>
<tr><td>총 전도받은 수 명</td><td rowspan="4">교회사용 난입니다</td><td>전도한 날</td><td colspan="2">년 월 일 시 ~ 시</td></tr>
<tr><td>① 새 결신자 명</td><td rowspan="3">전도자</td><td></td><td>남 / 여</td></tr>
<tr><td>② 재 결신자 명</td><td></td><td>남 / 여</td></tr>
<tr><td>③ 관심자 명</td><td></td><td></td></tr>
<tr><td>④ 무 관심자 명</td><td colspan="4">주소</td></tr>
<tr><td>⑤ 반대자 명</td><td colspan="4">구역</td></tr>
</table>

<table>
<tr><td rowspan="3">1</td><td>성명</td><td></td><td>남/여</td><td>세</td><td rowspan="3">○ 새로 결신한 자
○ 재결신한 자
○ 관심이 많은 자
○ 기 타</td><td rowspan="3">비 고</td></tr>
<tr><td>주소/이메일</td><td colspan="3"></td></tr>
<tr><td>직장/학교</td><td></td><td>휴대전화</td><td></td></tr>
<tr><td rowspan="3">2</td><td>성명</td><td></td><td>남/여</td><td>세</td><td rowspan="3">○ 새로 결신한 자
○ 재결신한 자
○ 관심이 많은 자
○ 기 타</td><td rowspan="3">비 고</td></tr>
<tr><td>주소/이메일</td><td colspan="3"></td></tr>
<tr><td>직장/학교</td><td></td><td>휴대전화</td><td></td></tr>
<tr><td rowspan="3">3</td><td>성명</td><td></td><td>남/여</td><td>세</td><td rowspan="3">○ 새로 결신한 자
○ 재결신한 자
○ 관심이 많은 자
○ 기 타</td><td rowspan="3">비 고</td></tr>
<tr><td>주소/이메일</td><td colspan="3"></td></tr>
<tr><td>직장/학교</td><td></td><td>휴대전화</td><td></td></tr>
<tr><td rowspan="3">4</td><td>성명</td><td></td><td>남/여</td><td>세</td><td rowspan="3">○ 새로 결신한 자
○ 재결신한 자
○ 관심이 많은 자
○ 기 타</td><td rowspan="3">비 고</td></tr>
<tr><td>주소/이메일</td><td colspan="3"></td></tr>
<tr><td>직장/학교</td><td></td><td>휴대전화</td><td></td></tr>
<tr><td rowspan="3">5</td><td>성명</td><td></td><td>남/여</td><td>세</td><td rowspan="3">○ 새로 결신한 자
○ 재결신한 자
○ 관심이 많은 자
○ 기 타</td><td rowspan="3">비 고</td></tr>
<tr><td>주소/이메일</td><td colspan="3"></td></tr>
<tr><td>직장/학교</td><td></td><td>휴대전화</td><td></td></tr>
<tr><td rowspan="3">6</td><td>성명</td><td></td><td>남/여</td><td>세</td><td rowspan="3">○ 새로 결신한 자
○ 재결신한 자
○ 관심이 많은 자
○ 기 타</td><td rowspan="3">비 고</td></tr>
<tr><td>주소/이메일</td><td colspan="3"></td></tr>
<tr><td>직장/학교</td><td></td><td>휴대전화</td><td></td></tr>
<tr><td rowspan="3">7</td><td>성명</td><td></td><td>남/여</td><td>세</td><td rowspan="3">○ 새로 결신한 자
○ 재결신한 자
○ 관심이 많은 자
○ 기 타</td><td rowspan="3">비 고</td></tr>
<tr><td>주소/이메일</td><td colspan="3"></td></tr>
<tr><td>직장/학교</td><td></td><td>휴대전화</td><td></td></tr>
<tr><td rowspan="3">8</td><td>성명</td><td></td><td>남/여</td><td>세</td><td rowspan="3">○ 새로 결신한 자
○ 재결신한 자
○ 관심이 많은 자
○ 기 타</td><td rowspan="3">비 고</td></tr>
<tr><td>주소/이메일</td><td colspan="3"></td></tr>
<tr><td>직장/학교</td><td></td><td>휴대전화</td><td></td></tr>
</table>

전도자의 간증 : 오늘 전도 실천에서 느낀 점

훈 련 평 가 서

다음의 질문들에 대해 진지하게 응답해 주시면 대단히 감사하겠습니다.
이 평가서는 앞으로 이 훈련을 더 잘 진행하는데 많은 도움이 될 것입니다.

이 름 : 날 짜 :
이메일 : 교 회 :
학 교, 직 장 : 학 년 :
주 소 : 휴대전화 :

1 이 훈련에 관해 누군가로부터 들은 적이 있으십니까 ?

2 이 훈련에 참석하게 된 동기는 무엇입니까?

3 이 훈련의 어느 부분이 당신에게 효과적으로 하나님을 증거할 수 있도록 도움이 되었습니까?
설명 :

4 이 훈련이 개인적으로 당신에게 어떤 의미가 있었습니까?
(이 훈련을 실시하는 다른 지역의 성도들이나 학생들을 격려하는데 사용할 수 있도록 3~4 문장 정도로 당신의 생각을 적어 주시면 감사하겠습니다.)

5 앞으로 이 훈련을 더 잘 실시할 수 있는 좋은 방안이 있다면 적어 주십시오.

예수 그리스도를 효과적으로 증거하기 위해 이 훈련에 참석해 주셔서 감사합니다. 이 훈련이 전도에 큰 도움이 되었다면 주변의 다른 사람들에게도 이 훈련에 참석하도록 도전해 주십시오.

LTC 초급(신개정판)

2009년 6월 15일 신개정판 초판 1쇄 발행

2025년 5월 22일 신개정판 초판 20쇄 발행

엮 은 이 한국대학생선교회

펴 낸 곳 순출판사

디 자 인 CCC DIA

등 록 제 2020-000159호

주 소 서울시 종로구 백석동 1가길 2-8

전화/팩스 02)722-6931~2 / 02)722-6933

가 격 4,000원

책 내용과 관련된 문의는 한국대학생선교회_MRD(02-397-6267)로 문의 바랍니다.

ISBN 978-89-389-0207-8